I0478617

ARDUINO
PARA
PRINCIPIANTES

2ª Edición

ANTONIO CAICEDO PEDRERA

ISBN: 978-1546479437

IT Campus Academy

TABLA DE CONTENIDOS

INTRODUCCIÓN

¿QUÉ ES ARDUINO?

Arduino forma parte del concepto de hardware y software libre y está abierto para uso y contribución de toda la sociedad. Arduino es una plataforma de prototipos electrónicos, y consiste básicamente en una placa microcontrolador, con un lenguaje de programación en un entorno de desarrollo que soporta la entrada y salida de datos y señales.

El proyecto se inició en el año 2005 en la ciudad de Ivrea, provincia de Turín, Italia, en el Instituto de Interactividad y Diseño, a partir de una idea de los profesores David Cuartielles y Massimo Banzi. El objetivo era crear una herramienda de hardware única que fuese facilmente programable por usuarios no especializados en ordenadores y que no fuera muy cara, para el desarrollo de estructuras interactivas. A estos dos profesores se les unieron otros especilaistas que crearon un entorno de desarrollo integrado, una herramienta de software que traduce un lenguaje de alto nivel a lenguaje maquina para que el Arduino lo entienda.

Todo el proyecto Arduino fue concebido según el principio open source. Este dice que cualquiera de sus programas es de dominio publico, es decir, libres para copia, modificación y mejora por cualquier usuario.

Arduino es una plataforma de computación física (son sistemas digitales conectados a sensores y actuadores, que permiten construir sistemas que perciben la realidad y responden con acciones físicas), basada en una simple placa microcontrolador de entrada/salida y desarrollada sobre una biblioteca que simplifica la escritura de la programación en C/C++. Arduino puede ser usado para desarrollar artefactos interactivos stand-alone o conectados al ordenador a través de Adobe Flash, Procesing, Max/MSP, Pure Data o SuperCollider.

Un microcontrolador (también denominado MCU) es un ordenador en un chip que contiene procesador, memoria y periféricos de entrada/salida. Es un microprocesador que puede ser programado para funciones específicas, en contraste con otros microprocesadores de propósito general (como los utilizados en los PCs). Estos son instalados en el interior de algún dispositivo, en nuestro caso Arduino, para que puedan controlar sus funciones o acciones.

Es un kit de desarrollo capaz de interpretar variables en el entorno y transformarlas en las señales eléctricas correspondientes a través de sensores conectados a sus terminales de entrada y tutelar el control o accionamiento de algún otro elemento electrónico conectado a la terminal de salida. O sea, es una herramienta de control de entrada y salida de datos, que puede ser accionada por un sensor (por ejemplo, un resistor dependiente de la luz - LDR) y que, después de pasar por una etapa de procesamiento, el microcontrolador podrá accionar un actuador (un motor, por ejemplo). Como puede percibir es como un ordenador que tiene sensores de entrada, como el mouse y el teclado, y de salida, como las impresoras y los altavoces, por ejemplo, sólo que este hace interface con circuitos eléctricos, pudiendo recibir o enviar informaciones/tensiones en estos.

Arduino está basado en los microcontroladores AVR de Atmel, en concreto en los modelos ATmega8, ATmega168, ATmega328 y ATmega1280; según el microcontrolador utilizado Arduino recibe un nombre.

Al estar basado en microcontroladores se puede programar lógicamente, es decir, es posible la creación de programas, utilizando un lenguaje propio basado en C/C++, que, cuando se implementa hacen que el hardware ejecute ciertas acciones. De esa forma, estamos configurando la etapa de procesamiento.

La gran diferencia de esta herramienta es que esta está desarrollada y perfeccionada por una comunidad que divulga sus proyectos y sus códigos de aplicación (open-source), o sea, que cualquier persona con conocimientos de programación puede modificarlas y ampliarlas de acuerdo a sus necesidades, apuntado siempre hacia la mejora de los productos que puedan ser creados aplicando Arduino.

Arduino fue proyectado con la finalidad de ser de fácil comprensión, programación y aplicación, al igual que está orientado para ser multiplataforma, es decir, podemos configurarlo en entornos Windows, GNU/Linux y Mac OS. Siendo así, puede ser perfectamente utilizado como herramienta educacional sin tener que preocuparse porque el usuario tenga un conocimiento específico de electrónica. Por el hecho de tener su esquema y software de programación open-source, acabó llamando la atención de los técnicos de electrónica, que comenzaron a perfeccionarlo y a crear aplicaciones más complejas.

MICROCONTROLADOR

Los microcontroladores supusieron una gran ayuda para los proyectistas y experimentadores de circuitos electrónicos, ya que muchos de los cables y componentes pueden ser substituidos por líneas de código. El código es mucho más fácil de cambiar que los componentes soldados en una placa de circuito impreso.

El término microcontrolador es utilizado para describir un sitema minimo que incluye una CPU, memoria y circuitos de entrada y salida, todo montado en un único circuito integrado que puede tener de 8 hasta más de 100 pines. Algunos pueden venir con contadores decimales internos, conversores analógico-digitales, comparadores de tensión, etc., todo embutido en el mismo encapsulamiento. Los microcontroladores pueden ser de 8, 16 o incluso 32 bits.

El primer Arduino utilizó un microcontrolador AVG ATmega8.

¿POR QUÉ UTILIZAR ARDUINO?

Arduino fue creado con el propósito de ser una plataforma extremadamente fácil de usar en comparación con otras, lo que la hace ideal tanto para los desarrolladores más experimentados como para principiantes ya que ahora sus proyectos se pueden realizar mucho más rápido y son menos laboriosos. Otro factor que hace que Arduino sea muy atractivo es su filosofía de software libre, es decir, la gente puede utilizarlo para crear varios proyectos sin coste alguno por los derechos de utilización de la plataforma y se puede distribuir de forma gratuita, si así lo desean. Esto trae muchos beneficios; además de crear y distribuir varias bibliotecas nuevas y herramientas para ayudar al desarrollo de los proyectos todos los días, cuenta con una comunidad con miles de personas que revelan información y detalles acerca de lo que se crea y aportan documentación y tutoriales sobre el funcionamiento de Arduino. Estas son también algunas de las razones por las que la popularidad de Arduino está creciendo entre los desarrolladores.

¿QUÉ SE PUEDE HACER CON UN ARDUINO?

¡Casi cualquier cosa! Basta con tener el equipo necesario y podrá crear todos los diseños que desee tan sólo limitados por su imaginación o por las leyes de la física, por supuesto.

¿SÓLO EXISTE UN TIPO DE ARDUINO?

No. Hay muchos tipos de Arduino que puede utilizar dependiendo de lo que quiera hacer, con diferentes formas y configuraciones de hardware. El Arduino Uno es el más utilizado pero el Mega Arduino, por ejemplo, tiene más puertos de entrada, posibilitando la creación de dispositivos más grandes y más complejos. El Arduino Nano, como el nombre dice, es una versión abreviada de un Arduino común, para la creación de objetos de electrónica más pequeña. A continuación, puede ver algunas fotos con algunos de los diversos tipos de Arduino que existen hoy en día.

Respectivamente, estos modelos son Arduino Mega, Arduino Fio, Arduino Nano, y Arduino LilyPad.

Cada uno tiene una funcionalidad diferente que justifica su creación. El LilyPad, por ejemplo, está diseñado para ser capaz de ser utilizado en la ropa, se puede coser directamente sobre los tejidos. Para obtener más información sobre los distintos modelos de la Arduino, puede consultar el sitio web oficial: www.arduino.cc.

CONCEPTOS BÁSICOS Y NOCIONES DE ELECTRICIDAD

Antes de empezar a desarrollar cualquier dispositivo electrónico, es necesario conocer tanto los componentes con los que va a trabajar como porque trabajan de esa manera. La electricidad es el elemento principal y más importante por lo que deberá conocer, al menos, sus conceptos más básicos para evitar daños con piezas, pérdidas y accidentes innecesarios. En primer lugar, debemos saber que es la electricidad. Comencemos por analizar el nivel atómico, que es donde todo sucede.

El átomo consiste principalmente en un núcleo, donde se encuentran los protones y neutrones y una nube de electrones que los rodea donde están los electrones en órbita. Por convención, los protones tienen una carga eléctrica positiva, mientras que los electrones tienen una carga negativa y el neutrón tiene carga eléctrica cero.

A veces un átomo puede perder o ganar un electrón más, haciendo que este tenga una carga neta positiva o negativa. Los electrones se mueven al azar, pero cuando se someten a un campo magnético o en movimiento a un DDP (Diferencia de Potencia o Tensión), comenzarán a moverse de una manera ordenada, generando una corriente eléctrica. Un DDP ocurre cuando dos puntos tienen un potencial eléctrico diferente, haciendo que los electrones pasen desde el punto de mayor potencial hacia el de menor potencial.

Esto es porque todo en la naturaleza tiende a estar en su estado natural y, en el punto de mayor potencial, el electrón no lo está. Podemos hacer una analogía con el potencial elástico: cuando se estira un elemento elástico, lo hacemos llevándolo a cabo desde su estado natural (parado), dándole la energía potencial elástica. Cuando lo dejamos ir, se contrae rápidamente, volviendo a su estado natural. El elástico sale desde el punto de mayor potencial hacia el de menor potencial, lo mismo sucede con los electrones, con la diferencia de que ellos tienen energía eléctrica. La unidad de tensión eléctrica es el voltio (V). Un ejemplo son las salidas de electricidad de nuestra casa que están conectadas a dos cables de diferentes tensiones que pasan a través de los polos: uno tiene 220 V llamado Fase, mientras que el otro es neutral y tiene 0 V. Cada enchufe representa uno de estos cables, a veces también hay una tercera clavija, el cable de toma tierra que conecta el circuito para descargar a tierra las cargas acumuladas en exceso. Si no están bien conectados, no hay corriente entre ellos, el circuito debe estar cerrado de manera que se produzca la diferencia de potencial. Cuándo conectamos cualquier aparato eléctrico a la toma de corriente, se cierra el circuito y sucede la diferencia de potencial entre la fase y el neutro, con la creación de una corriente eléctrica que pasa a través de un equipo de alimentación y que saldrá por el hilo neutro. Por razones históricas, nos pusimos de acuerdo en que la corriente eléctrica se produce en la dirección opuesta a la ruta de los electrones, es decir, si los electrones fluyen hacia un lado, la corriente eléctrica se produce hacia el otro lado.

COMPONENTES ELECTRÓNICOS

CABLE

A menudo es inviable conectar directamente un componente o un dispositivo a un generador o a cualquier terminal de fuente de energía. Los cables permiten conectar un dispositivo eléctrico a una fuente de energía a través de largas distancias y está lejos de ser reemplazado por algo más práctico, ya que todavía no se encontró una forma de transmitir la energía de otra forma. En los proyectos con Arduino los cables son esenciales, principalmente por el hecho de que podemos economizar varias salidas/entradas de la placa con un solo cable. Por lo general, se componen de un conductor de metal con un encapuchado aislante, por lo que no causan choques. Cuanto más grueso es el aislante, más tensión tiene el hilo, y este es más peligroso. El cable de un cargador de móvil, por ejemplo, es muy delgado, mientras que el cable de alimentación de un ordenador es más grueso.

RESISTENCIAS

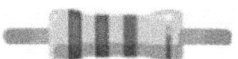

Las resistencias, como su nombre implica, son componentes que resisten la corriente eléctrica. Todo material conductor tiene una cierta resistencia al flujo de corriente, esto no es lo ideal pero no existe el conductor perfecto.

Normalmente, queremos controlar el paso de corriente en sólo algunas partes del circuito, para no dañar ningún componente para transformar la energía eléctrica en térmica. Esto último se llama el Efecto Joule, y se produce porque los electrones chocan con los átomos del material por el que están pasando. Aplicaciones del efecto Joule son numerosas y bastante comunes en nuestro día a día. Por ejemplo, la ducha eléctrica trabaja principalmente con una resistencia ajustable (Potenciómetro o reóstato), se puede ajustar la posición del contacto con el fin de controlar la cantidad de corriente que pasa a través de él. Cuanto mayor es la distancia que la corriente viaja a través de la resistencia, más calor genera y más energía es gastada, por lo tanto, el consumo es alto. Por ese motivo, para ajustar la temperatura para la posición de invierno, estamos aumentando la trayectoria de la corriente a través del resistor, calentando más agua.

Otro ejemplo es la lámpara incandescente que tiene un filamento que encandece para pasar la corriente eléctrica debido el efecto Joule. Este tipo de lámpara es en gran medida ineficaz ya que más del 95% de la energía eléctrica se convierte en calor y sólo el resto se convierte en energía de luz. La unidad de medida de la resistencia eléctrica es el Ohm, representado por la letra griega Ω (omega mayúscula), y se puede medir como la división de tensión por la corriente eléctrica.

Código de colores

Como las resistencias utilizadas en tableros de circuitos impresos son muy pequeñas, la impresión del valor de su resistencia en ohmios numéricamente es bastante complicada.

Debido a esto, se acordó un código de colores que facilitara este reconocimiento. Es estándar y, en cierto modo, bastante simple: hay cuatro bandas de color alrededor de la resistencia. Los tres primeros temas son el A, B y C, y el cuarto la tolerancia (de cuántos cientos, más o menos, la resistencia puede ser - no hay resistencia del 100%). A grandes rasgos, la banda A representa la primera cifra decimal, la banda B la segunda cifra decimal y la banda C el orden de magnitud. Los colores van del blanco al negro en el siguiente orden, de menor a mayor: negro, marrón, rojo, naranja, amarillo, verde, azul, violeta, gris y blanco. En el tercer carril, el gris y el blanco se sustituyen por la plata y el oro. La cuarta pista sólo tiene tres colores: plata, oro y marrón.

POTENCIÓMETROS

Como se mencionó anteriormente, potenciómetros o reóstatos, son resistencias ajustables. Permiten que ajustemos la intensidad de la corriente que pasa a través de cierta parte del circuito. Se utilizan ampliamente, por ejemplo, en los altavoces: Si abre uno, verá que el ajustador de volumen de este es un potenciómetro que ajusta sólo lo fuerte que se emitirá ese sonido. Al aumentar el volumen de la caja, estamos disminuyendo la resistencia y permitiendo un mayor flujo de corriente.

Normalmente, el potenciómetro tiene tres conectores, dos laterales y uno central. Uno de los conectores laterales es por donde la energía entrará y el otro está conectado a tierra. El central es por donde la corriente saldrá después de haberlo recorrido.

CONDENSADORES

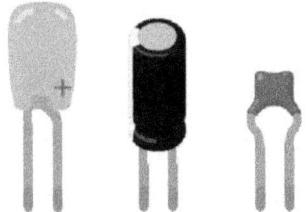

Los condensadores son componentes capaces de almacenar energía eléctrica. Son como pequeñas pilas o baterías, pero tienen la capacidad más limitada, dependiendo de su tamaño y su tensión. Están por lo general formados por dos placas conductoras separadas por una capa aislante (dieléctrico), de modo que no hay contacto de uno con otro. Cuándo acumula suficiente carga, la rigidez dieléctrica del aislante es rota (es decir, pasa a conducir la corriente), y toda la energía es lanzada casi instantáneamente. Esto es lo que sucede con los relámpagos: la nube y el suelo son las dos placas, y el aire es el dieléctrico. Cuando la rigidez dieléctrica del aire se corta, toda la energía es liberada a la vez y se forma el rayo.

Una aplicación muy famosa de los condensadores son los flashes de las cámaras fotográficas. Durante unos segundos, la batería de la máquina carga el condensador que libera toda la energía de golpe a la lámpara del flash.

LLAVES

 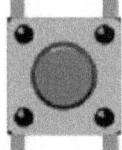

Llaves, keys o interruptores son utilizados para abrir o cerrar un circuito, permitiendo o no que haya diferencia de potencial y, por lo tanto, corriente eléctrica. De ahí su nombre: ellos interrumpen la corriente. Podemos utilizar un único interruptor para controlar la corriente en diversas partes del circuito al mismo tiempo. Los interruptores de nuestras lámparas de casa son un buen ejemplo. Podemos conectar varias lámparas al mismo tiempo o sólo una. Pueden funcionar de diferentes maneras; por ejemplo, al pulsar el botón, liberar el paso de la corriente y, al soltarlo, se detiene de nuevo, mientras que otros pueden mantener continuamente el paso de corriente hasta que se pulsa de nuevo.

LEDs

LED (Light Emitting Diode) son, como su nombre lo indica, diodos emisores de luz.

El diodo es un semiconductor; eso significa que tiene la capacidad de conducir corriente eléctrica por uno de sus terminales y bloquearlo por otro. Los diodos son ampliamente utilizados en circuitos en general por esta capacidad y los LED también destacan por sus numerosas aplicaciones. Sirven como base tanto para las televisiones digitales y relojes como para controles remotos (en el caso de que el LED sea de infrarrojos).

Su funcionamiento es relativamente simple: un material con cargas negativas adicionales, llamado material de tipo N, se coloca separado por una pequeña distancia, llamada área vacía, de un material con capas positivos extras, llamados material tipo P. Al conectar el electrodo del material de tipo P al teminal positivo del generador y hacer lo mismo con el lado negativo, las cargas se repelen, provocando que la corriente fluya. Al hacer esto, los electrones liberan energía en forma de luz (fotones), que es la luz que vemos cuando los ligamos. La principal ventaja de los LEDs es que gastan mucha menos energía que las bombillas incandescentes, lo que puede ser verificado por la cantidad de calor que generan por Joule: se calientan tan poco, que muy poca energía es desperdiciada en energía térmica, a diferencia de las incandescentes.

PROTOBOARD

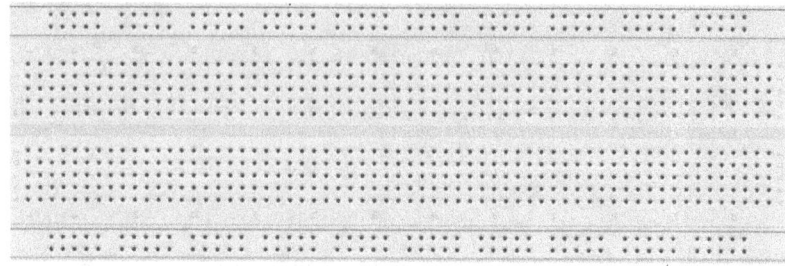

Para conectar todos estos componentes con el fin de tener un circuito funcional, tenemos que unir sus entradas y salidas de alguna manera, de modo que la corriente que pasa a través de una pieza continúe propagándose a la próxima. Por lo general, lo hacemos a través de un proceso de soldadura; es decir, calentamos un metal maleable y conductor para que se derrita y una las dos partes que lo utilizan como una especie de pegamento. El acto de soldar es una acción delicada y que requiere de práctica y habilidad, tanto para obtener resultados satisfactorios como para evitar quemaduras, que a menudo pueden ser fatales (una máquina de soldadura puede causar quemaduras de tercer grado). Además del peligro obvio, el proceso de soldar es en cierto modo "permanente" porque las piezas unidas son difíciles de retirar, algo que puede ser muy laborioso si hay una gran cantidad de piezas soldadas.

Para evitar todos estos problemas, usamos el protoboard, un tablero con agujeros dispuestos en una cuadrícula con las conexiones conductoras en su interior. El tablero hace que la conexión entre los componentes sea extremadamente simple, sin necesidad de soldadura alguna. Obviamente esta no se utiliza en aplicaciones industriales, ya que se desmotan con la misma facilidad con la que se montan (por ello también se llama placa de ensayo).

Un tablero común tiene dos tipos de conexión: verticales, presentes en los orificios laterales, y horizontales, presentes en los restantes. La corriente fluye a través de todos los agujeros de la misma línea, alimentando todos los cables o componentes que están conectados allí.

SENSORES

Los sensores son componentes utilizados para leer e interpretar las variables de entorno. La intensidad de la luz, el sonido, los objetos, la temperatura, etc., se pueden medir y se traducen como un determinado voltaje. Algunos de los sensores más comunes son:

Sensor de luz

Como el nombre indica, los sensores de luz detectan una cierta intensidad de la luz en el entorno. Los más comunes son los LDR (Light Dependent), que son las resistencias que se ajustan de acuerdo con la intensidad de la luz – es decir, dejan entrar más o menos corriente, y es esa señal la que es detectada e interpretada.

Sensor de temperatura

Los sensores de temperatura funcionan como termómetros, captando la temperatura del entorno. Pero, en lugar de mostrar esta información de forma visual, la reproduce en forma de un voltaje de salida. El más famoso y común es LM35, pues es económico y posee una buena precisión. En este sensor, por ejemplo, por cada grado Celsius la tensión de salida aumenta 10 mV. Su rango de precisión varía de -55 º C a 150 º C con una precisión de ± 0,5 º C.

DISPLAYS

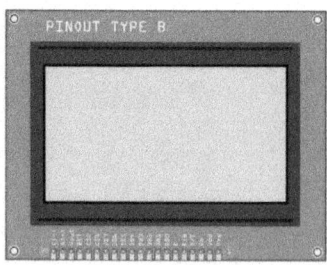

Las pantallas son interfaces gráficas que utilizamos para representar visualmente la información. Podemos, por ejemplo, mostrar un mensaje o la temperatura del entorno entre otras informaciones. Existen los famosos displays de 7 segmentos (o 11 segmentos), que se utilizan para representar dígitos decimales y pantallas más complejas capaces de mostrar cadenas de caracteres e incluso figuras.

Arduino tiene varias pantallas con bibliotecas ya hechas que simplemente hay que incorporar y usar, algo bastante práctico.

Las imágenes anteriores son, respectivamente, las pantallas 128x64 y 16x2.

TRANSISTORES

Los transistores son semiconductores utilizados para amplificar una señal eléctrica o para encender y apagar una señal eléctrica.

¿Por qué es útil un transistor? A menudo necesitarás más energía para ejecutar un componente que la que tu Arduino pueda proporcionar. Un transistor te permite controlar la señal de mayor potencia rompiendo o cerrando un circuito a tierra. La combinación de esta potencia más alta permite amplificar la señal eléctrica en su circuito.

¿Qué hay en un transistor? Un circuito de transistor tiene cuatro partes: una fuente de energía de señal (se conecta a la base del transistor), una fuente de energía (se conecta al colector de transistor), voltaje de salida (se conecta al colector de transistor) y tierra (conectada al emisor del transistor).

DIVISORES DE VOLTAJE

Los divisores de voltaje son una forma de producir un voltaje que es una fracción del voltaje original.

Una de las maneras en que esto es útil es cuando usted quiere tomar lecturas de un circuito que tiene un voltaje más allá de los límites de sus pines de entrada. Al crear un divisor de tensión puede estar seguro de que está obteniendo una lectura precisa de un voltaje de un circuito. Los divisores de tensión también se utilizan para proporcionar una señal de referencia analógica.

¿Qué hay en un divisor de voltaje? Un divisor de voltaje tiene tres partes: dos resistencias y una forma de leer el voltaje entre las dos resistencias.

Aquí está la ecuación que representa cómo funciona un divisor de tensión:

$$V_{out} = V_{in} \frac{R2}{(R1+R2)}$$

Si ambas resistencias tienen el mismo valor entonces Voltage Out es igual a ½ Voltage In.

DESARROLLO CON ARDUINO

Ahora que tenemos una buena idea de algunos de los diversos componentes que utilizaremos y conocemos cómo hacerlo, es el momento de empezar (finalmente) a desarrollar con Arduino. En esta sección se explica cómo instalar y utilizar el software necesario, así como los detalles para el montaje de algunos ejemplos de proyectos iniciales, que gradualmente serán cada vez más complejos, ya que añadirán más funcionalidad al dispositivo.

En primer lugar, tenemos que conseguir los archivos necesarios para poder enviar comandos a Arduino. Para esto hay que descargar la plataforma en el sitio oficial (www.arduino.cc) en función del sistema operativo que utilicemos.

Instalación del IDE en Windows

Después de descargar los archivos necesarios desde el sitio para Windows, los extraemos a la ubicación deseada y ejecutamos el programa de Arduino, ubicado en la carpeta principal de la raíz. Entonces:

• Conecte el Arduino al ordenador mediante el cable USB. La luz con el nombre PWR (Power) debe encenderse, lo que nos indica que la tarjeta está conectada.

• Se le solicitará que instale un nuevo controlador. Para este propósito, indique a Windows que busque automáticamente los controladores en Internet y en la selección manual, pida que sean buscados los drivers en la carpeta de Arduino que extrajo en el primer paso.

• Si no se activa la detección automática del controlador, vaya a Panel de control, abra Administrador de dispositivos y busque los controladores desactualizados. Seleccione la actualización manual para el driver e indique la carpeta mencionada en el paso anterior.

• Después de esto, se debe completar la instalación.

Instalación de IDE en Linux

Para Linux, abra una terminal y ejecute los siguientes comandos:

• sudo add-apt ppa-repositorio: arduino-ubuntu-equipo / ppa
• sudo update-tud APTI
• sudo aptitude instalar Arduino

Ahora, ya se puede acceder a través de Arduino IDE para desarrollar aplicaciones.

Para otras distribuciones de Linux consulte:

http://www.arduino.cc/en/Main/Software y para Mac OS visite http://www.arduino.cc/en/Guide/MacOSX.

IDE

El IDE de Arduino es bastante simple. Fue diseñado para ser una interfaz amigable para personas que nunca han tenido contacto con el desarrollo de software y por lo tanto es bastante intuitiva. Fue desarrollado en Java y tiene características simples destacando el realce de palabras clave y una base con diversos códigos listos para servir como un ejemplo.

IDE del Arduino

Además del espacio para escribir el código, hay 7 botones en la parte superior: Verify, Stop, New, Open, Save, Upload y Serial Monitor (Verificar, Detener, Nuevo, Abrir, Guardar, Subir y Serial Monitor). Sirven para verificar respectivamente si el programa tiene errores, detener la ejecución del código actual, crear un nuevo documento, abrir un documento ya existente, enviar los datos al Arduino y el último es un monitor para los datos serie, que se explicarán más adelante. En la parte inferior, existe también una ventana de consola para informar al usuario de los mensajes de error o la ejecución del programa.

LENGUAJE, COMANDOS Y FUNCIONES

El lenguaje de programación utilizado principalmente por Arduino es básicamente C y C++. Prácticamente todos los comandos utilizados en C y C++ se pueden utilizar para configurar el comportamiento de nuestro circuito, lo que facilita (y mucho) nuestro trabajo, incluso para quien no tiene conocimiento de tales lenguajes ya que son muy sencillos e intuitivos.

LENGUAJE DE REFERENCIA

Los programas para Arduino son implementados teniendo como referencia el lenguaje C++. Preservando su sintaxis clásica en la declaración de variables, en los operadores, en los punteros, en los vectores, en las estructuras y en muchas otras características del lenguaje. Con eso tenemos las referencias del lenguaje, estas pueden ser divididas en tres partes principales:

las estructuras, los valores (variables y constantes) y las funciones.

Las estructuras de referencias son:

Estructuras de control (if, else, break, ...)
Sintaxis básica (define, include, ; , ...)
Operadores aritméticos y de comparación (, -, =, ==, !=, ...)

Operadores booleanos (, ||, !)
Acceso a punteros (*,)
Operadores compuestos (, ?, =, ...)
Operadores de bits (|, , , ...)

Algunas estructuras de control:

Ciclo if... else ...

```
if (condición){
    instrucción 1;
    instrucción 2;
}
else {
    instrucción 3;
    instrucción 4;
}
```

La condición puede ser: $X== Y$ (X igual a Y), $X!=Y$ (X distinto de Y, no igual), $X>Y$ (X mayor que Y), $X>=Y$ (X mayor o igual que Y), $X<Y$ (X menor que Y), $X<=Y$ (X menor o igual a Y).

Ciclo for

```
for (inicialización; condición; incremento a efectuar) {
  instrucción 1;
  instrucción 2;
  (....)
}
```

La condición puede ser: $X ==Y$ (X igual a Y), $X!=Y$ (X distinto de Y, no igual), $X>Y$ (X mayor que Y), $X>=Y$ (X mayor o igual que Y), $X<Y$ (X menor que Y), $X<=Y$ (X menor o igual a Y).

Ciclo switch/case

```
switch (variable){
case 1:
```
Instrucción a ejecutarse cuando la variable sea 1 (variable$= = 1$)
```
break;
case 2:
```
Instrucción a ejecutarse cuando la variable sea 2 (variable$= = 2$)
```
break;
(.....)
default:
```
Conjunto de instrucciones a ejecutarse si ninguna de las condiciones se cumple. Es opcional.
```
break;
}
```

Ciclo while

```
while (condicion){
    instrucción 1;
    instrucción 2;
}
```

Ciclo do while

```
do {
    instrucción 1;
    instrucción 2;
    (.....)
while (condición);
```

Los Valores de referencia son:

Tipos de datos (byte, array, int, char, ...)
Conversiones (char(), byte(), int(), ...)
Variable de alcance y de cualificación (variable scope, static, volatile, ...)
Utilidades (sizeof(), dice el tamaño de la variable en bytes)

Hay que destacar que el software que viene en el Arduino ya nos provee de varias funciones y constantes para facilitar la programación, como, por ejemplo:

```
setup()
loop()
```

Constantes (HIGH | LOW, INPUT | OUTPUT , ...)
Bibliotecas (Serial, Servo, Tone, etc.)

Funciones

Las funciones son referencias esenciales para el desarrollo de un proyecto utilizando Arduino, principalmente para los principiantes en la materia. Estas funciones ya vienen implementadas y disponibles en bibliotecas que direccionan y ejemplifican las funcionalidades básicas del microcontrolador. Tenemos como funciones básicas y de referencia las siguientes funciones:

- Digital I/O: pinMode(), digitalWrite(), digitalRead()
- Analógico I/O: analogReference(), analogRead(), analogWrite() - PWM
- Avanzado I/O: tone(), noTone(), shiftOut(), pulseIn()
- Tiempo: millis(), micros(), delay(), delayMicroseconds()
- Matemáticas: min(), max(), abs(), constrain(), map() pow(), sqrt()
- Trigonométricas: sin(), cos(), tan()
- Números aleatorios: randomSeed(), random()
- Bits e Bytes: lowByte(), highByte(), bitRead(), bitWrite(), bitSet(), bitClear(), bit()
- Interrupciones externas: attachInterrupt(), detachInterrupt()
- Interrupciones: interrupts(), noInterrupts()
- Comunicación Serie

Bibliotecas

Una biblioteca es una gran colección de procedimientos, donde se relacionan todos los procedimientos. Si por ejemplo quiere controlar un motor, es posible que desee encontrar una biblioteca de controles de motor: una colección de procedimientos que ya se han escrito por otros usuarios y que se pueden utilizar sin tener que hacer el trabajo sucio de aprender los matices de los motores.

La utilización de bibliotecas nos proporciona un horizonte de programación más amplio y diverso cuando comparamos la utilización de estructuras, valores y funciones. Eso es perceptible cuando analizamos asuntos que son abordados por cada biblioteca en particular. Hay que recordar siempre que, para hacer uso de una biblioteca, esta ya debe estar instalada y disponible en la máquina. Tenemos las siguientes bibliotecas de referencia:

- EEPROM – lectura y escritura de almacenamiento permanente.
- Ethernet - para conectarse a una red Ethernet usando Arduino Ethernet Shield.
- Firmata - para comunicarse con las aplicaciones en el ordenador usando el protocolo Firmata.
- LiquidCrystal - para controlar pantallas de cristal liquido (LCDs).
- Servo - para controlar servo motores.
- SPI - para comunicarse con dispositivos que utilizan varamiento Serial Peripheral Interface (SPI).
- SoftwareSerial - Para la comunicación serie en cualquier punto.

- Stepper - para controlar motores de paso.
- Wire - Dos Wire Interface (TWI/I2C) para enviar y recibir datos a través de una red de dispositivos o sensores.

Tenemos como referencia también el uso de bibliotecas más específicas. Lo que es de extrema importancia cuando se hace uso de Arduino con un enfoque en una determinada área.

Como, por ejemplo:

Comunicación (redes y protocolos)

- Mesenger - Para el procesamiento de mensajes de texto a partir del ordenador.
- NewSoftSerial - Una versión mejorada de la biblioteca SoftwareSerial.
- OneWire - Dispositivos de control que usan el protocolo One Wire.
- PS2Keyboard – Lee caracteres de un teclado PS2.
- Simple Mesage System - Envía mensajes entre Arduino y el ordenador.
- Serial2Mobile - Envía mensajes de texto o e-mails usando un teléfono móvil.
- Webduino - Biblioteca que crea un servidor Web (para uso con Arduino Ethernet Shield).
- X10 - Envío de señales X10 en las líneas de energía AC.
- XBee - Para comunicarse vía protocolo XBee.
- SerialControl - Control remoto a través de una conexión serie.

Sensores

- Capacitive Sensing - Transformar dos o mas puntos en sensores capacitivos.
- Debounce - Lectura de ruidos en la entrada digital.
- Generación de Frecuencia y de audio.
- Tone - Genera ondas cuadradas de frecuencia de audio en cualquier punto del microcontrolador.

Temporización

- DateTime - Una biblioteca para mantenerse informado de la fecha y hora actuales del software.
- Metro - Ayuda al programador a añadir el tiempo en intervalos regulares.
- MsTimer2 - Utiliza el temporizador de 2 de interrupción para desencadenar una acción cada N milisegundos.

Utilidades

- TextString (String) - Manipular strings.
- PString - Una clase leve para imprimir en buffers.
- Streaming - Un método para simplificar las declaraciones de impresión.

PRINCIPALES FUNCIONES

El flujo de la ejecución de cualquier programa de Arduino se inicia con al función **setup()**, donde definimos qué pines vamos a utilizar y si estos serán de entrada o salida. Para ello, utilizamos la función **pinMode (pin, modo)**, donde pin es un entero que representa el número de pin que estamos configurando y modo es el tipo de clavija que va a ser, si de entrada o salida – Imput y Output, respectivamente. Por ejemplo, pinMode (13, OUTPUT) indica que el pin 13 se utiliza como una salida; es decir, que le proporcionará señal al circuito.

Después de la ejecución de la función setup(), el programa comienza la ejecución **loop(),** y la seguirá utilizando hasta que termine la ejecución del programa. Ella es una de las funciones más importantes que vamos a utilizar en la construcción de proyectos, pues es en ella donde vamos a escribir todo lo que el circuito va a hacer y cómo se comportará.

TIPOS DE PUERTOS

Lo primero que debemos saber es que todas las señales eléctricas con las que trabaja Arduino son analógicas o digitales. Es muy importante entender la diferencia entre estos dos tipos de señales y cómo manipular la información que representan estas señales.

Los seres humanos percibimos el mundo en analógico, pero los robots, las computadoras y los circuitos lo hacen en digital. Una señal digital es una señal que tiene sólo dos estados. Estos estados pueden variar dependiendo de la señal, pero simplemente se definen los estados como ON u OFF, nunca con un valor intermedio.

En el mundo de Arduino, las señales digitales se utilizan para todo con la excepción de la entrada analógica (Analog Input). Dependiendo de la tensión del Arduino, la señal ON o HIGH de la señal digital será igual a la tensión del sistema, mientras que la señal OFF o LOW siempre será igual a 0V. Esta es una manera elegante de decir que en un Arduino de 5V las señales HIGH serán un poco menos de 5V.

En el mundo de Arduino una señal analógica es simplemente una señal que puede ser HIGH (on), LOW (off) o cualquier cosa entre estos dos estados. Esto significa que una señal analógica tiene un valor de voltaje que puede ser cualquier cosa entre 0V y 5V (a menos que se metan con el pin de referencia analógica).

La señal analógica permite controlar salidas o entradas sobre dispositivos que se ejecutan en porcentajes, como on y off. Arduino lo hace mediante el muestreo de la señal de tensión enviada a estos pines y comparándola con una señal de referencia de tensión (5V). Dependiendo de la tensión de la señal analógica, en comparación con la señal de referencia analógica, Arduino asigna un valor numérico a la señal entre 0 (0%) y 1023 (100%). El sistema digital de Arduino puede utilizar este número en cálculos y programas.

Arduino también tiene la capacidad de emitir una señal digital que actúa como una señal analógica, esta señal se llama Pulse Width Modulation (PWM).

PUERTOS DIGITALES

En Arduino hay dos tipos de puertos: digitales, divididos entre binarios comunes y PMW, y analógicos. Cada tipo de puerto es designado para propósitos específicos.

Los puertos digitales se utilizan para trabajar con valores binarios de tensión: 0 V y 5 V.

De este modo, los componentes conectados a estos puertos sólo podrán mandar y recibir datos en la forma de estas dos tensiones. En Arduino Uno, hay 14 puertos digitales, numerados de 0 a 13, y 5 de ellos son PWM (que se explicará más adelante), los 0 y 1 son para LEDs incrustado RX y TX, respectivamente.

Las funciones principales de Arduino para manipular puertos digitales son:

• digitalRead (pin)
Lee un valor del puerto del pin y devuelve el valor HIGH cuando está en 5V y LOW cuando esta en 0V.

• digitalWrite (pin, estado)
Se utiliza para decir a Arduino que queremos que pin este en el estado conectado (HIGH) o desconectado (LOW).

Puede configurar sus pines de entrada analógica para actuar como pines digitales. Para configurar pines analógicos como pines digitales utilice el comando: pinMode (pinNumber, value); donde pinNumber es un pin analógico y value es INPUT o OUTPUT.

Los pines digitales están predeterminados como de entrada, por lo que realmente sólo es necesario ponerlos a OUTPUT en pinMode.

Para comprender mejor estos conceptos, vamos a utilizar un ejemplo sencillo para mostrar el uso de estos puertos.

Primer ejemplo

Para el primer ejemplo de un circuito simple usando Arduino, vamos a montar un LED que parpadea cada segundo. Para ello, utilizaremos las funciones y comandos vistos anteriormente. En primer lugar, en el Arduino IDE, crearemos la función de configuración. En ella, se utiliza el procedimiento pinMode para decir que el pin 13 se utiliza como salida. Esto, por ahora, es todo lo que necesitamos, ya que sólo necesitamos una salida para suministrar energía al LED.

Entonces creamos una función de bucle (loop), que es donde están todos los comandos que van a ser ejecutados varias veces y de forma indefinida por Arduino, como ya se ha dicho. Utilizamos el procedimiento digitalWrite (pin, estado) para decir a Arduino si el pin 13 va a estar conectado o apagado, y el procedimiento de delay (time) para decirle que espere un cierto período de tiempo en milisegundos. El código debe ser algo como esto:

```
void setup() {
    pinMode (13, OUTPUT);
}
```

```
void loop() {
      digitalWrite (13, HIGH);
      delay (1000);
      digitalWrite (13, LOW);
      delay (1000);
}
```

A continuación, montamos el circuito. Vamos a necesitar el LED, la protoboard, dos cables y una resistencia de 120Ω. La resistencia restringirá la corriente de forma que no dañe el LED, por lo tanto, es importante no olvidarse de ella. Debemos ligar el ánodo del LED (la "pata" mayor) al cátodo del generador (en este caso, el pin 13) y el cátodo a tierra (GND - ground) con el fin de tener un DDP y así permitir el paso de corriente eléctrica.

La resistencia debe estar conectada entre el generador y el ánodo. Por convención, vamos a utilizar los cables negros para las conexiones a tierra, rojo para los puertos normales y azul para puertos de voltaje (3,3 V y 5 V). La disposición del circuito montado se muestra a continuación:

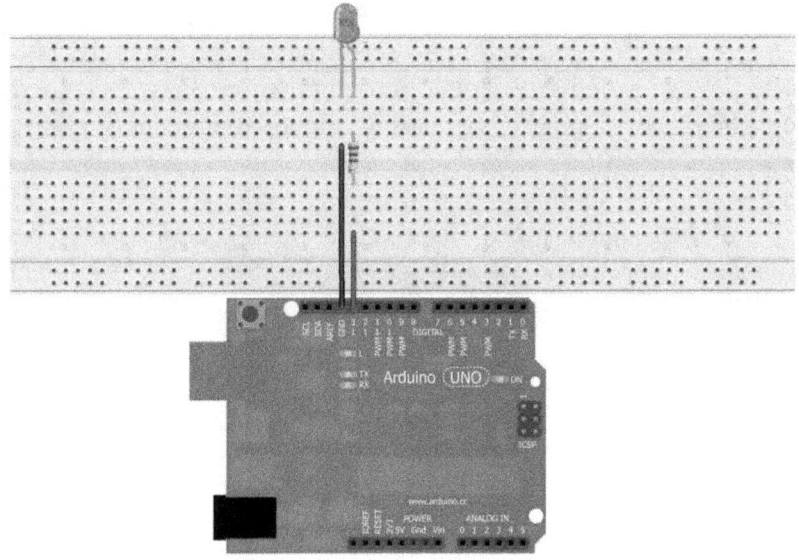

¡Ahora basta con cargar el código al Arduino y verlo en acción!

PWM

Podemos ver en el ejemplo anterior que el uso de los puertos digitales binarios sólo puede ofrecer dos estados a los LED: completamente encendido o totalmente apagado. Esto sucede porque los puertos envían una señal constante de 5 V, lo que endiende las luces LED por completo. Podemos, sin embargo, controlar el porcentaje de tiempo que el LED está encendido, utilizando los puertos digitales PWM (Pulse Width Modulation).

Lo que estos puertos tienen de especial es que son capaces de controlar la potencia de una señal, haciendo que oscile entre 0 V y 5 V, a una frecuencia determinada: en la práctica, esto significa que el puerto va a estar repetidamente encendido y apagado.

Pero, ¿qué utilizad tiene esto? Bueno, en primer lugar, podemos ahorrar energía mediante la limitación de la potencia por la cual se alimenta el circuito. Nosotros podemos no querer, por ejemplo, que el LED gaste 5 V todo el tiempo que este en marcha, o una iluminación más suave. Para ello, basta disminuir este porcentaje de tiempo en que el puerto deja la señal al máximo.

Para controlar este porcentaje, utilizamos la función analogWrite (pin, valor), donde pin debe ser un puerto PWM y valor un número entero entre 0 (0% del tiempo) y 255 (100% del tiempo). Tenga en cuenta que estamos usando una función de manipulación de los puertos analógicos, incluso siendo los PWM puertos digitales. La razón detrás de esto es que los puertos PWM simulan el comportamiento de los puertos analógicos, que se explicarán más adelante.

Para ilustrar esto, vamos a hacer un LED encenderse y apagarse suavemente. Para ello, basta con cambiar el puerto de salida de nuestro LED por un puerto PWM. En Arduino Uno, éstos puertos están marcados con un tilde (~). En nuestro ejemplo vamos a utilizar el puerto 6.

El montaje del circuito es el mismo que el del primer ejemplo, cambiando solamente la puerta de salida:

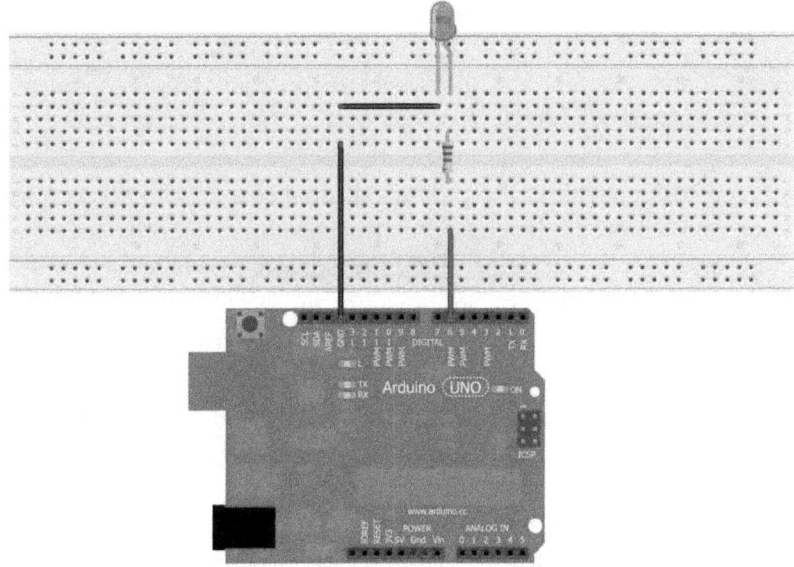

En el código, utilizaremos un for para ir del mínimo brillo (i = 0) al máximo brillo (i = 255), aumentando el brillo de 5 en 5 (i + = 5). Entonces, utilizamos la función analogWrite para enviar la tensión al pin 6, y esperamos 30 milisegundos (sin el delay, el brillo aumenta demasiado rápido y no se puede ver).

```
void setup() {
     pinMode (6, OUTPUT);
}
void loop () {
     for (int i=0; i<=255; i+=5) {
          analogWrite (6,i);
          delay (30);
     }
```

}

PUERTOS ANALÓGICOS

A diferencia de los puertos digitales, que sólo pueden leer y enviar valores binarios, los puertos analógicos puede leer cualquier valor, con determinada precisión, entre 0 V y 5 V. Sin embargo, sólo pueden leer y no enviar. Hay seis puertos analógicos en Arduino Uno, numerados de 0 a 5, y tienen una precisión de 10 bits. Esto significa que pueden leer un rango de valores que va desde 0 a 1023 (2^{10} valores), y es con estos valores con lo que trabajaremos. Para ilustrar una situación práctica, vamos a crear un bucle donde un LED parpadea de acuerdo con la lectura de un potenciómetro - es decir, cuanta más corriente deja pasar más rápido el LED parpadeará.

Para hacer esto, conecte los tres pins del potenciómetro de la siguiente manera:

• El conector central conectado a una de las entradas analógicas. En nuestro caso, utilizaremos la A5 (recuerde que las entradas analógicas se nombran de A0 a A5);

• Uno de los conectores laterales (no importa cuál) conectado a tierra;

• El otro conector conectado a la salida 5 V del Arduino.

A continuación, conecte el LED al puerto 13, como antes. Recuerde que el propio Arduino tiene un LED imbuido conectado al pin 13, entonces conectar otro es opcional. El esquema debe ser parecido a este:

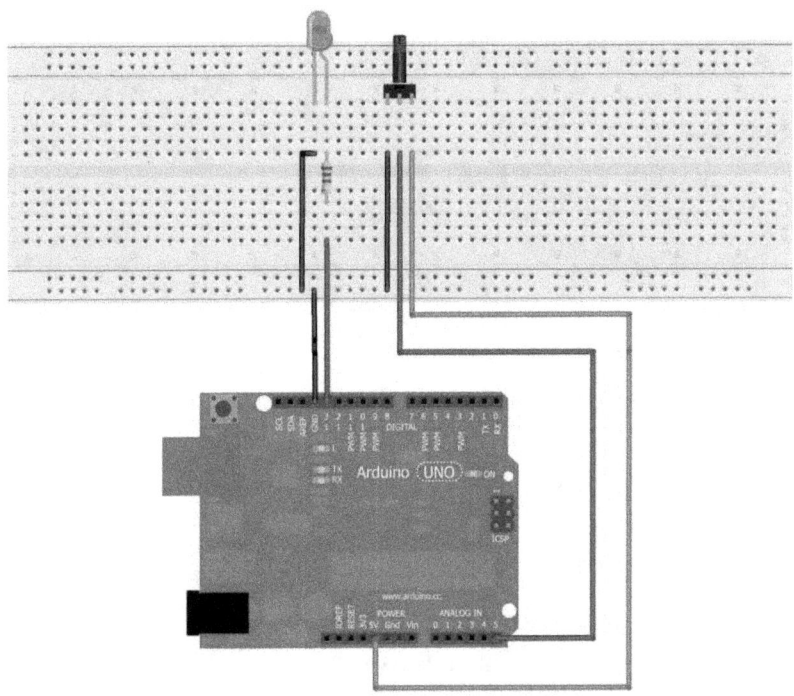

Ahora, vamos a crear el código. En el mismo, ahora debemos declarar dos puertos: el del LED y el del sensor.

Como los puertos analógicos sólo sirven como entrada, no necesitamos inicializarlos en la función setup. Leemos el valor del potenciómetro con la función analogRead (que devuelve un número entero entre 0 y 1023) y utilizamos este valor como el retraso para encender la luz del LED como muestra el código:

const int sensor = A5;

```
const int LED = 13;
int lectura = 0;

void setup() {
    pinMode (LED, OUTPUT);
}
void loop() {
    lectura = analogRead (sensor);
    digitalWrite (LED, HIGH);
    delay (lectura);
}
```

UN POCO MÁS SOBRE SEÑALES...

Todas las señales eléctricas con las que trabaja Arduino son entradas o salidas. Es muy importante entender la diferencia entre estos dos tipos de señales y cómo manipular la información que representan estas señales.

SEÑALES DE SALIDA (OUPUT)

Una señal de salida es una señal que sale de un sistema eléctrico, en este caso un microcontrolador.

La salida a los pines de Arduino es siempre digital, sin embargo, hay dos tipos diferentes de salida digital; Salidas digitales normales y Pulse Width Modulation Output (PWM).

Los pines digitales se preajustan como pines de salida, por lo que a menos que el pin se haya utilizado como entrada en el mismo programa, no hay razón para utilizar el comando pinMode para establecer el pin como salida. En caso de que se produzca una situación en la que es necesario hacer reset a un pin digital en Output desde Input, se utiliza el comando: pinMode (pinNumber, OUTPUT); donde pinNumber es el número de pin digital establecido como Output. Para enviar una señal de salida digital utilizamos el comando: digitalWrite (pinNumber, value); donde pinNumber es el pin digital que está emitiendo la señal y value es la señal.

Los pines digitales tienen capacidades PWM. Esto significa que puede emitir el equivalente digital de una señal analógica utilizando estos pines. Para emitir una señal PWM se utiliza el comando: analogWrite (pinNumber, value); donde pinNumber es un pin digital con capacidades PWM y value es un número entre 0 (0%) y 255 (100%).

Recuerde:

- OUTPUT es siempre Digital
- Hay dos tipos: digital y PWM
- Parea enviar una señal Output se usa analogWrite(pinNumber, value); para analógico o digitalWrite(pinNumber, value) para digital.
- Regular Digital Output es siempre o High o Low.
- PWM Output varia entre 0 y 255

SEÑALES DE ENTRADA (INPUT)

Son una señal que entra en un sistema eléctrico, en este caso un microcontrolador. La entrada a los pines Arduino puede venir de dos formas: entrada analógica o entrada digital.

La señal analógica entra en Arduino a través de los pines de entrada analógica. Estas señales provienen de sensores analógicos y dispositivos de interfaz. Estos sensores analógicos y dispositivos utilizan niveles de tensión para comunicar su información en lugar de un simple sí (HIGH) o no (LOW). Por esta razón, no puede utilizar un pin digital como pin de entrada para estos dispositivos. Los pines de entrada analógica se utilizan sólo para recibir señales analógicas. Sólo es posible leer las clavijas de entrada analógica de modo que no hay ningún comando necesario en la función setup() para preparar estos pines para la entrada. Para leer los pines de entrada analógica utilice el comando: analogRead (pinNumber); donde pinNumber es el número de pin de entrada analógica. Esta función devolverá una lectura de entrada analógica entre 0 y 1023. Una lectura de cero corresponde a 0 voltios y una lectura de 1023 corresponde a 5 voltios. Estos valores de voltaje son emitidos por los sensores e interfaces analógicos.

La entrada digital puede entrar a su Arduino a través de cualquiera de los pines digitales. Las señales digitales de entrada son HIGH (On, 5V) o LOW (Off, 0V). Debido a que los pines digitales pueden usarse como entrada o salida, necesitará preparar el Arduino para usar estos pines como entradas en su función setup(). Para hacer esto escriba el comando: pinMode (pinNumber, INPUT); dentro de los corchetes de la función setup () donde pinNumber es el número de pin digital que desea declarar como entrada. Puede cambiar el pinMode en la función loop () si necesita cambiar un pin de ida y vuelta entre la entrada y la salida, pero normalmente se establece en la función setup () y se deja sin tocar en la función loop (). Para leer los pines digitales configurados como entradas, utilice el comando: digitalRead (pinNumber); donde pinNumber es el número de pin de entrada digital.

Recuerde:

- INPUT puede ser analógico o digital, asegúrese de usar el pin correcto.
- Para leer un input use analogRead(pinNumber) (para analógico).
- digitalRea(pinNumber) (para digital).
- Las entradas necesitan un pinMode como pinMode(pinNumber, INPUT).
- Entradas analógicas varían entre 0 y 1023
- Las digitales siempre son HIGH o LOW

COMUNICACIÓN SERIE

Hasta ahora, hemos visto cómo configurar Arduino para algunas funciones mediante sensores. Pero ¿y si queremos, por ejemplo, controlar cualquier componente de Arduino a través del ordenador? Es para eso que sirven los puertos de comunicación serie. Utilizando la comunicación USB (Universal Serial Bus) que normalmente utilizamos para hacer el upload de datos del Arduino, podemos enviar señales y comandos para cambiar su estado.

En primer lugar, tenemos que empezar la comunicación informando de la velocidad de transmisión de datos. Después, podremos enviar y recibir datos de Arduino y verlos a través del monitor serie: [imagen]

Las principales funciones que vamos a utilizar son:

• Serial.begin (velocidad)
Esta función le dice al Arduino que iniciaremos la interfaz serie utilizando el parámetro velocidad como la tasa de transferencia. Por defecto, se utiliza de forma rutinaria 9600.

• Serial.print ("Mensaje")
Muestra un mensaje en el monitor serie. Podemos informar de la lectura que un sensor este recibiendo del entorno, por ejemplo, o simplemente informar cualquier mensaje.

• Serial.available ()
Devuelve el número de bytes que se leen desde el puerto serie. En caso de que no haya valor, devuelve cero. Utilizamos esta función para que el Arduino sepa cuando enviamos o recibimos algún dato – como que un botón fue pulsado, por ejemplo.

• Serial.read ()

Esta función lee los datos escritos por el teclado y los envía a Arduino. ¡Es nuestro principal medio de comunicación!

Vamos a ver un ejemplo práctico. En este ejemplo, vamos a apagar y encender un LED mediante un comando en el teclado. Para ello, comprobamos si hay alguna información para ser leída, es decir, si algún comando fue enviado desde el ordenador al Arduino. En caso afirmativo, guardamos esta información y la procesamos, a continuación, de acuerdo con lo que queremos. En nuestro caso, vamos a encender el LED en el pin 13 en caso de enviar el carácter "L" al Arduino.

```
const int LED = 13;
void setup() {
       pinMode (LED, OUTPUT);
       Serial.begin (9600);
}
void loop() {
       if (Serial.available() ) {
              int tecla = Serial.read();
       if (tecla = = 'L')
              digitalWrite (LED, HIGH);
       else
              digitalWrite (LED, LOW) ;
       }
}
```

El esquema del circuito es el mismo que el del primer ejemplo.

SHIELDS

Por limitaciones de hardware, algunas de las características importantes para varios proyectos, tales como la conexión en red, no están presentes en Arduino (a no ser que sea un modelo designado específicamente para esto). Para sortear este problema, se han creado los Shields.

Los shields son accesorios que se acoplan a Arduino, dándole una característica extra y, normalmente, sin perder el número de puertos. Hay varios shields diferentes disponibles en el mercado, ya que cualquier persona puede desarrollar sus propios shields y comercializarlos. A continuación, presentamos algunos de los shields más utilizados y famosos.

ETHERNET SHIELD

Este shield permite que su Arduino pueda conectarse a Internet a través de un cable Ethernet. Viene con un soporte para una tarjeta micro-SD para el almacenamiento de archivos e información o de Internet.

GAMEDUINO

Permite la creación de juegos de 16 bits, con varios ejemplos ya incluidos. Cuenta con salida VGA y para auriculares y altavoces.

LCD SHIELD

Añade una pantalla LCD integrada con una mayor resolución y capacidad que las pantallas comunes. También hay otras versiones con teclados.

JOYSTICK SHIELD

Control con cuatro botones de presión y uno analógico. También posee funciones facilitadas para la utilización de los botones.

SENSOR SHIELD V5.0

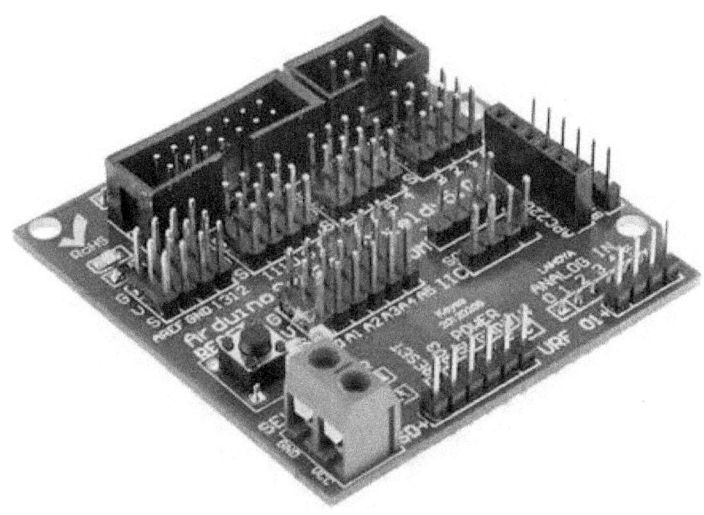

Este shield es una forma fácil de construir proyectos con Arduino conectando diferentes componentes tales como servos, motores o sensores. Esta versión soporta bluetooth, tarjeta SD, modeulos APC220, servo motor, etc.

MP3 PLAYER SHIELD SPARKFUN

  Permite añadir su música con su Arduino y añadir efectos sonoros a su proyecto con este shield. Los archivos de audio se almacenan en una tarjeta microSD y el shield cuenta con un conector P2 para conectar auriculares o altavoces. No acompaña a este shield una barra de pines por lo que podrá escoger entre soldar pines para conectar al Arduino o usar otro conector por separado.

CNC SHIELD V3 PARA ARDUINO IMPRESORA 3D

Monte ahora mismo su impresora 3D o maquina CNC basa en Arduino con este shield. Con el tendrás en una sola tarjeta los componentes necesarios para controlar los motores y demás componentes de su proyecto. Este shield tiene entrapar para alimentación externa, pines de controles de sensores y sockets para 4 drivers A4988, lo que supone que puede controlar cuatro motores con este shield.

NANO SHIELD

Este shield pequeño y sencillo puede facilitar mucho su vida en la creación de prototipos con un Arduino Nano.

DESARROLLO DE PROYECTOS

En este apartado vamos a ver algunos ejemplos de aplicaciones simples con Arduino, en este momento con una pequeña base de C para Arduino podemos comenzar a hacer y explicar ejemplos para que incluso quien no posea una gran infraestructura pueda realizarlos.

Ejemplo 1

Empezaremos con el ejemplo Blink que ya viene en la aplicación. Para localizar el ejemplo haga clic en File/Examples/Digital/Blink.

El programa tiene como objetivo encender y apagar el LED de segundo en segundo. Para compilar este ejemplo no es necesario de ninguna otra infraestructura más que el propio Arduino. En primer lugar, vamos a crear una variable llamada ledPin, que almacenará el número del puerto donde el LED estará conectado (variable de tipo entero):

```
int ledPin = 13;
```

Así cuando nos referimos a la variable ledPin nos estaremos refiriendo a la salida 13.

El siguiente paso es clasificar el ledPin como el punto de salida, esto se hace de la siguiente forma:

```
void setup() {
    pinMode (ledPin, OUTPUT);
```

}

La función pinMode() tiene como primer parámetro el pin y como segundo parámetro si es el punto de entrada o salida. Ahora comenzaremos a escribir el procedimiento. El programa debe ejecutarse en un loop, pues no hay ocurrencias o interferencias que cambien el estado. Dentro del loop tendrá una función que hará que el LED esté encendido un segundo y después se apague otro segundo. Escriba lo siguiente:

```
void loop() {
    digitalWrite (ledPin, HIGH);
    delay (1000);
    digitalWrite (ledPin, LOW);
    delay (1000);
}
```

La función digitalWrite() escribe una información digital, es decir, 0 (LOW) o 1 (HIGH). Su primer parámetro es el punto de salida, que en nuestro caso es ledPin. El segundo parámetro es el estado, que en el caso de la salida es HIGH o LOW. Cuando una puerta digital está en estado bajo (LOW), su valor es 0 V, y cuando está alto (HIGH), es 5 V.

Como recordará, la función delay() es un tiempo de espera que se da a continuación de la lectura del programa, de esta forma, como se ha escrito ledPin estará encendido sólo un segundo, o como está escrito en el código 1000 ms, se leerá la línea siguiente que escribe la salida de ledPin y baja, y lo mismo ocurre otra vez más.

Antes de realizar la carga del programa, primero se debe escoger la puerta USB en que Arduino se encuentra. Para eso, vaya a Tools/Serial Port/port, donde verá el nombre de la puerta donde está ligado Arduino (/dev/ttyUSB*, en el caso de GNU/Linux, COM* en Windows).

Para saber en que puerta se encuentra el Arduino, haga una tentativa y escoja un valor, en caso de que no se ejecute, escoja otra. Otro paso que se debe llevar a cabo es escoger el modelo de la placa, para ello vaya a Tools/Borrad y busque el modelo de su placa. Ahora para realizar la carga, haga clic en Upload como muestra la figura:

Upload

Ejemplo 2

En el segundo ejemplo exploraremos mejor las salidas digitales. En este ejemplo serán necesarios 10 LEDs para su ejecución. Los LEDs se encenderán en secuencia y quedarán encendidos durante un segundo, hasta que el ultimo se encienda todos se mantendrán encendidos y luego todos se aparagán en secuencia.

Para la elaboración del proyecto, conecte el positivo de los LEDs en los pins digitales del 2 al 11 y el otro cabo en una protoboard, en el lado negativo de los LEDS conecte las resistencias de 150 en serie y la otra punta de todas las resistencias en la toma tierra de Arduino, GND en la placa, tal y como se ve en la siguiente figura.

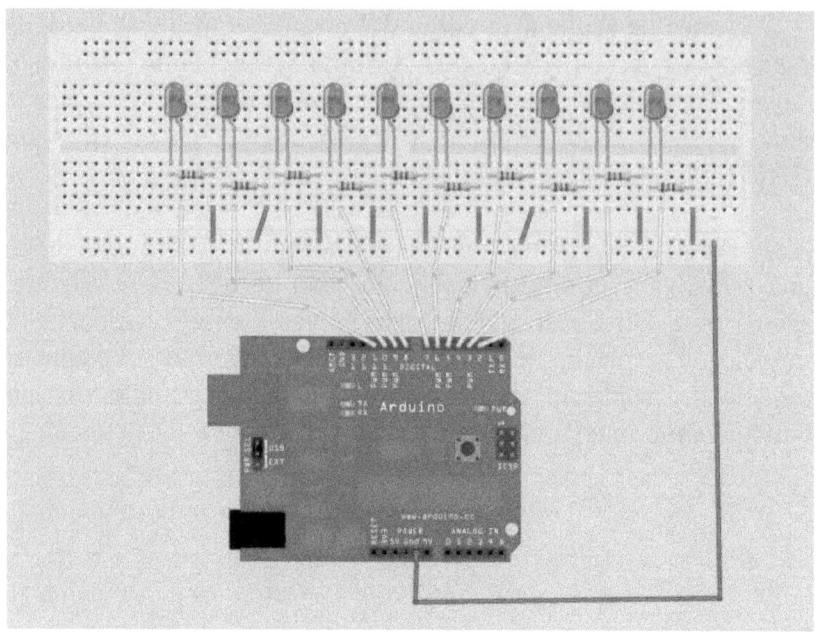

Circuito Ejemplo 2

Las primeras líneas de comando son para la declaración de variables, necesitaremos una variable constante y entera de valor 10, que en nuestro caso la llamaremos ledContador. Otra variable necesaria es un vector con diez posiciones, enumerados de 2 a 11, que son los números de los dos pins de salida digital que serán utilizados que también poseen valores enteros, lo llamamos el vector de ledPins. A continuación, viene la declaración:

int ledPins[ ] = { 2, 3, 4, 5, 6, 7, 8, 9, 10, 11 };

Ahora con las variables declaradas vamos a definir el vector ledPins como puntos de salida, para eso utilizaremos un loop, de la siguiente forma:

```
void setup() {
    for (int thisLed = 0; thisLed < ledContador; thisLed ) {
    pinMode (ledPins[thisLed], OUTPUT);
    }
}
```

En la primera posición de for declaramos una variable que se inicia en 0. En la segunda posición damos la condición para el for, y en la tercera cada vez que se verifica la condición del for, con la ejecución de la primera, es incrementado 1 al valor de thisLed, que es la variable que utilizaremos para llamar a las posiciones del vector ledPins.

La función pinMode(), como vimos en el ejemplo anterior, esta declarando que el vector ledPins es un vector de la salida de datos.

Ahora será iniciado un loop, que hará que el programa siempre se ejecute; dentro de él habrá un for que encenderá todos los LEDs secuencialmente, con un intervalo de 1 segundo (1000 ms) entre cada LED. El cuerpo del programa queda de la siguiente manera:

```
void loop() {
    for (int thisLed = 0; thisLed < ledContador; thisLed ) {
    digitalWrite (ledPins[thisLed], HIGH);
    delay (1000);
}
```

delay (1000);

Note que el for es de la misma forma que el último, pues la idea es siempre referirse a las posiciones del vector, la diferencia aquí es que para cada posición estamos encendiendo un LED, usando la función digitalWrite.

La función delay fue utilizada para que sea más fácil visualizar que cada LED se enciende de cada vez y que, después de que todos los LEDs se encienden, estos quedan encendidos durante más de un segundo.

Ahora haremos lo mismo, pero para apagar los LEDs como se muestra a continuación:

```
for (int thisLed = 9; thisLed >= 0; thisLed--) {
    digitalWrite (ledPins[thisLed], LOW);
    delay (1000);
}
delay (1000);
}
```

La variable thisLed, utilizada sólo en el for, comienza con el valor 9 y se disminuye de uno en uno hasta que llega al cero, a continuación, los LEDs se apagarán desde el ultimo encendido hasta el primero y permanecerán apagados durante un segundo.

Observe que es posible modificar este ejemplo haciendo que este se apague en el mismo orden que se enciende o haciendo cualquier otra modificación deseada.

Ejemplo 3

En este ejemplo utilizaremos la entrada analógica y la salida serie en la confección de un capacímetro. Para eso será necesaria una resistencia, que puede tener cualquier valor y que llamaremos R1, una resistencia de 220, un condensador, un protoboard y un cable.

Ligue el positivo del condensador en un punto común y el negativo en tierra, la resistencia R1 entre el 5 de la placa y un punto común, ligue la otra resistencia, que llamaremos R2 y tiene el valor de 220 entre el punto común y el punto 11, que es el pin que descargará el condensador. Ligue el cable del punto común a la entrada analógica.

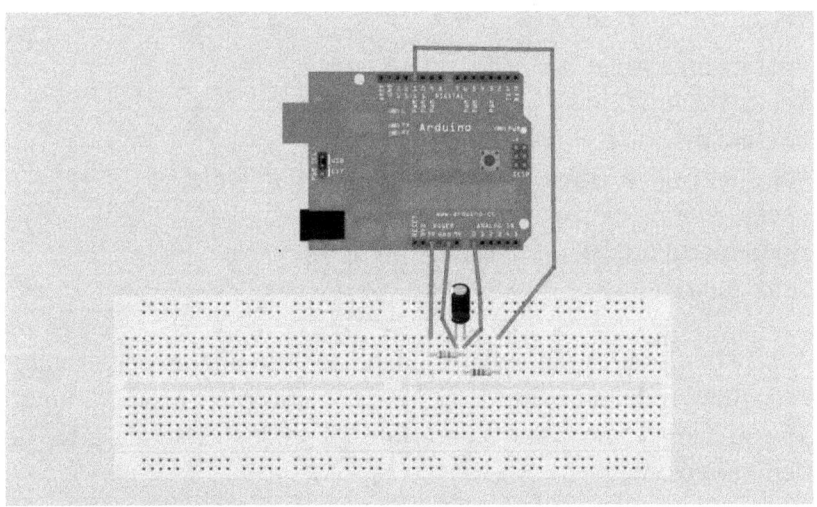

Circuito Ejemplo 3

Vamos a calcular el valor del condensador midiendo el tiempo de carga, sabemos que una constante de tiempo ($¿$=TC) en segundos es igual a la resistencia (R) en ohms multiplicado por la capacidad (c) en farads, y que la tensión en el condensador es una constante de tiempo (TC***) y del 63,2% del valor máximo, podemos calcular la capacidad, ya que, como sabemos el valor de la fuente suministrada por Arduino, 5 V, basta con que calculemos el 63,2% de su tensión y cuando la tensión en el condensador encuentre ese valor basta la división por el valor de la resistencia R1.?=R?, es decir, 63,2%V=R?C, donde V es la tensión máxima.

La programación comienza con la declaración de variables, es decir, un pin analógico para medir la tensión en el condensador, un pin de carga y uno de descarga del condensador y un pin con el valor de R1, como podemos ver en el siguiente ejemplo:

```
#define analogPin 0
#define chargePin 13
#define dischargePin 11
#define resistorValue R1 unsigned long startTime;
unsigned long elapsedTime;
float microFarads;
float nanoFarads;
```

Note que el valor de R1 debe ser substituido por el valor escogido. Debemos ajustar el pin 13 como pin de salida, como ya fue hecho en ejemplos anteriores, e iniciar la salida a fin de depurar errores:

```
void setup(){
        pinMode (chargePin, OUTPUT);
        digitalWrite (chargePin, LOW);
```

```
        Serial.begin (9600);
}
```

En el transcurso del desarrollo aún no hemos mencionado la comunicación serie, en el propio compilador arduino-0018 existe una interfaz que le proporciona observar la salida y la entrada en la propia pantalla del ordenador, la figurá que se muestra a continuación indica donde tener acceso a ese recurso.

Comunicación Serie

En nuestro caso utilizamos la frecuencia de transferencia de datos de 9600B/s, pero es posible seleccionar otros valores ya pre-determinados por el programa que pueden ser observados cuando se abre la comunicación serie.

Iniciaremos el loop del programa suministrando energía al pin de carga del condensador y accionando el startTime, y la variable temporizará el tiempo de carga del condensador.

Para poder calcular los 63,2% de la carga tendremos que hacer una conversión, ya que el fin de la escala es de 1023, por lo tanto, el 63,2% es 647, y es el porcentaje de la tensión máxima en el condensador.

Mientras la entrada del pin analógico no equivalga a este porcentaje de tiempo no ocurre nada, sólo la cuenta de tiempo de carga del condensador, que ya está siendo hecha por la variable startTime. Cuando este porcentaje es ultrapasado se mide la capacidad dividiendo el tiempo de carga por el valor de R1.

Como es frecuente que los valores de capacidad sean bajos, en el orden de mili farad, es más agradable que se exprese el valor en mini o nano farad, es decir, multiplique el valor de la capacidad por 1000 y añada el mF al final, si aún con este procedimiento el valor todavía es más pequeño que 1, podemos utilizar otras escalas (micro, nano, etc.). La programación referida puede ser observada a continuación:

```
void loop(){
        digitalWrite(chargePin, HIGH); // coloque HIGH en
        chargePin
        startTime = millis();
        while (analogRead(analogPin) < 648) {
        }
elapsedTime = millis() - startTime;
microFarads = ((float)elapsedTime / resistorValue) * 1000;
Serial.print (elapsedTime);
Serial.println (" ms");
if (microFarads > 1) {
        Serial.print ((long)microFarads);
        Serial.println (" mF");
        }
else {
        nanoFarads = microFarads * 1000.0;
        Serial.print ((long)nanoFarads);
        Serial.println (" nF");
        }
```

El programa ya está casi finalizado, basta con hacer la descarga del condensador. Para eso desconecte el chargePin como salida, coloque LOW hasta que el condensador este descargado, y vuelva a ajustar el dischargePin como entrada de la siguiente manera:

```
digitalWrite (chargePin, LOW);
pinMode (dischargePin, OUTPUT);
digitalWrite (dischargePin, LOW);
while (analogRead(analogPin) > 0) {
}
pinMode (dischargePin, INPUT);
}
```

Ejemplo 4

Este ejemplo ilustra el uso de una de las salidas PWM (Pulse-Width Modulation) Arduino con un servomotor. Cualquier servo con un terminal de control compatible puede ser utilizado. Aquí usaremos un rotor del tipo usado en antenas parabólicas. De entrada, es importante que sepa lo que es PWM y lo que es posible hacer. PWM es una tecnología que permite controlar el periodo cíclico de la frecuencia de la alimentación.

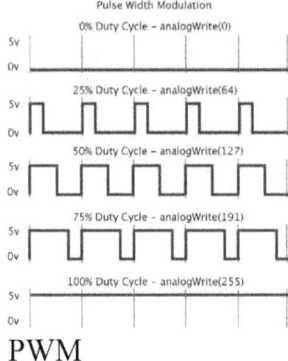

PWM

Sus aplicaciones son diversas y comprenden tanto usos industriales como domésticos. En industria, el PWM puede ser usado para controlar ascensores de carga, esteras rotantes y ganchos. Ya en aplicaciones domésticas puede ser usado para control de iluminación, portones y cortinas. Vamos a utilizar la entrada manual comandada por un potenciómetro linear de 100 k.

El motor posee 3 cables: uno rojo, uno negro y uno blanco. Los cables negros y rojos corresponden al negativo y al positivo de la alimentación, respectivamente, y en este ejemplo podemos conectarlo directamente a los pins de alimentación de Arduino. El rojo está conectado al pin 5 V y el negro a cualquier otro de los pins GND.

El cable blanco y la terminal de control, deben ser conectados a una de las salidas digitales con PWM, cualquiera de los pins 3, 5, 6, 9, 10 o 11. En el ejemplo usaremos el 10.

El potenciómetro linear de 100 k se conecta teniendo uno de sus pins extremos conectado al GND, el otro extremo al pin

AREF, que suministra la tensión de referencia, y el pin céntrico conectado a cualquiera de las entradas analógicas, utilizaremos el pin 1.

Esta vez usaremos una biblioteca para soporte, luego en el inicio del programa deberemos importarla. Deberemos crear un objeto del tipo servo que será utilizado para control, de la siguiente manera:

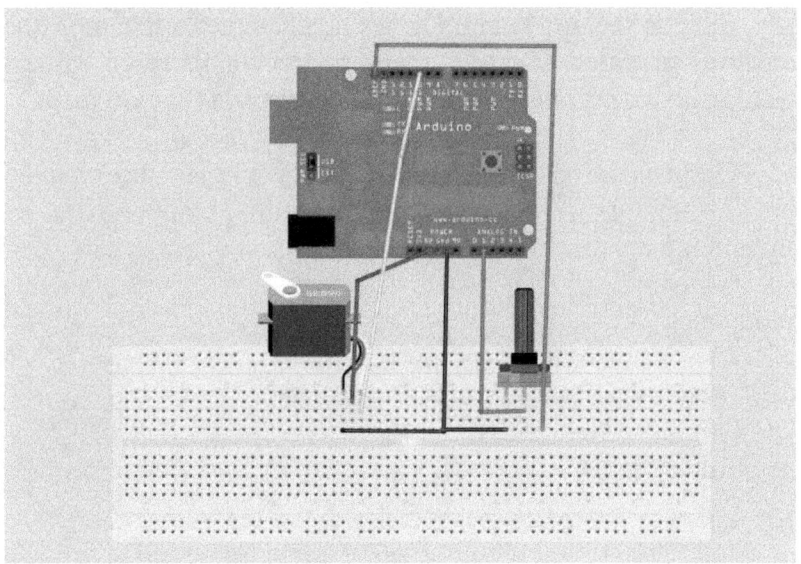

Ejemplo 4

#include <Servo.h> Servo miservo;

'   A continuación, se hace la declaración de variables, declararemos un pin para el potenciómetro y servo, y una variable entera para el valor leído del potenciómetro. También

73

deberemos iniciar el servo, que en nuestro caso está conectado al pin 10, como veremos a continuación:

```
int potpin = 1;
int  val;
void setup() {
        miservo.attach(10);
}
```

Cuando leemos la entrada del potenciómetro tenemos que convertir su valor a grados para poder controlar en grados cuando el motor girará, para esto utilizaremos la función map.

Después de esto sólo deberemos enviar la información para el motor y esperar algunos milisegundos para el movimiento del mismo.

```
void loop() {
        val = analogRead (potpin);
        val = map (val, 0, 1023, 0, 180);
        miservo.write (val);
        delay (500);
}
```

EJEMPLO PRACTICO

EJEMPLO PRACTICO. CONTROL BOMBA DE AGUA

Este ejemplo tiene por objetivo presentar una aplicación de Arduino, realizando la tarea de control y monitorización del nivel de un líquido.

COMPONENTES DEL SISTEMA:

En este proyecto se utilizó un modelo Arduino Uno por su reducido tamaño, poseer un conector Jack n° 4 para alimentación externa y poseer un conector USB para la conexión con un microprocesador.

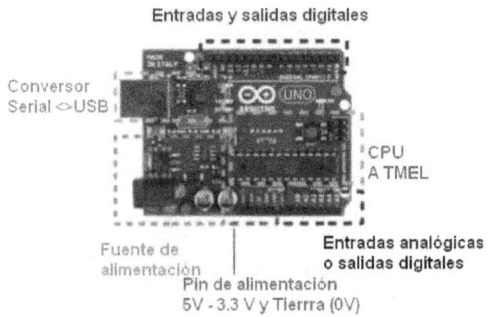

La bomba de agua utilizada en este proyecto es un modelo utilizado en un limpiaparabrisas de un automóvil. Este modelo necesita una tensión de 12 Vcc para funcionar y consume una corriente aproximada de 1 A, en régimen permanente. Tiene como ventaja su bajo coste y poder ser alimentada con una tensión menor, lo que hace posible que se llene más lentamente el tanque superior.

En esta bomba fueron realizados los orificios de entrada y salida de agua y de los terminales eléctricos.

Esta bomba de agua posee acoplado a su eje un motor de corriente continua (CC). Con la utilización de un motor CC fue posible controlar la velocidad de llenado del tanque superior por medio de la señal PWM (Pulse Width Modulation). Eso sólo es posible porque el motor CC puede ser alimentado por una tensión diferente de la tensión nominal, que reflecte en la variación de la velocidad del motor.

Para el accionado de la bomba de agua se utilizó un transistor del tipo Darlington modelo TIP, cuya composición de transistores actúa como una unidad única, con una ganancia de corriente que es el producto de la ganancia de la corriente de los transistores individuales. Este componente soporta el paso de una corriente eléctrica de 5 A, superior a lo que la bomba necesita para funcionar.

Para el montaje del accionamiento se utilizó el esquema eléctrico de la imagen que sigue. En él, la resistencia de 1 kilo ohmnio fue conectada en la base del transistor en una extremidad y en la otra fue conectado en la puerta digital 9 de la placa Arduino. Un LED fue conectado para la señalización visual del funcionamiento de la bomba de agua.

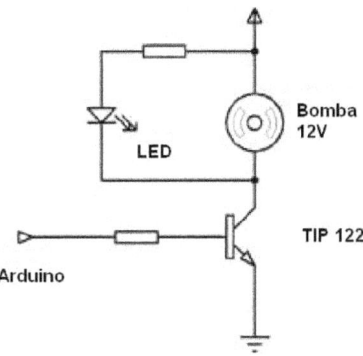

Cuando esta puerta ofrece tesión a la resistencia ocurre la circulación de la corriente en la base del TIP 122 cerrando la llave, haciendo al transistor conducir entre colector y emisor. Despues de eso ocurre el accionado de la bomba de agua y esta transfiere el líquido de la parte inferior al tanque auperior. Cuando la tensión se corta, la circulación de la corriente por la base TIP 122 para, hacieno abrir la llave y el transistor para conducir entre el colector y el emisor, haciendo que la bomba deje de funcionar.

SENSOR DE NIVEL

Para ello se ha usado un potenciometro linear rotativo con una hasta metálica conectada a una pequeña bola. Con esto, los cambios en la resistencia del potenciometro ocurren a medida que la altura del líquido se modifica.

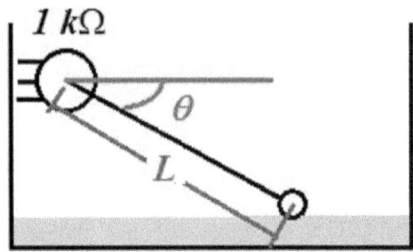

Aquí se utilizó un potenciomentro rotativo de 1.080 ohms de resistencia total para implementación del sensor de nivel. El potenciometro en general es un divisor de tensión en el cual la tensión de salida Vout puede ser determinada por la ecuación:

$$Vout = \frac{R2}{R1+R2}\ Vin$$

El terminal del medio del potenciómetro fue conectado en la entrada analógica A0 del Arduino y este al recibir la tensión Vout necesita calcular el valor de la resistencia R2 mediante la ecuación:

$$R2 = \frac{R1+R2}{Vin}\ Vout = \frac{1.080}{5}\ Vout = 216*Vout$$

Tener el valor de la resistencia R2 permitió determinar el ángulo θ. Una relación entre la resistencia del potenciómetro y el ángulo de giro del mismo puede ser obtenido haciendo 270° o 3 π /2rad de giro igual a la resistencia total de 1.080 ohms. Una regla de tres fue utilizada para determinar el valor de θ a partir del valor de R2, según la ecuación:

$3\pi/2 = 1.080$

$\theta = R2$

entonces → $\theta = 0,00436319 \cdot R2$ (3)

Por último, el valor de la altura h de líquido puede ser calculada con base a la imagen anterior y utilizando la ecuación que sigue, donde el valor de compresión de la vara L es igual a 12,3 cm.

$h = L \cdot \sin(\theta) = 12,3 \cdot \sin(\theta)$

Tras las ecuaciones fue posible implementar el trecho de código fuente para Arduino capaz de convertir la tensión leída en la puerta analógica A0 en el valor de la altura h en centímetros, conforme el Código 1.

CODIGO 1

```
//Conversión tensión (V) p/ altura (cm)

vzero=analogRead(A0)*5/1023;

rdois=216*vzero;

thetarad=0.00436319*rdois;

alturah=12.3*sin(thetarad);
```

El cálculo de la altura h ocurre a cada 0,5 segundos. Su valor es necesario para determinar cuántos LEDs se deberán encender o no, como también, es la variable que conecta o desconecta la bomba del agua.

LEDS

La sección de LEDS fue construida con el objetivo de monitorizar el nivel en el que el líquido se encuentra dentro del tanque superior. Para la construcción de la misma fueron utilizados seis LEDs: dos rojos, dos amarillos y dos verdes. Los LEDs rojos representan el nivel mínimo de líquido, los amarillos representan el nivel medio y los verdes representa el nivel máximo de líquido. Eses LEDs fueron conectados de la puerta dos a la puerta siete del Arduino.

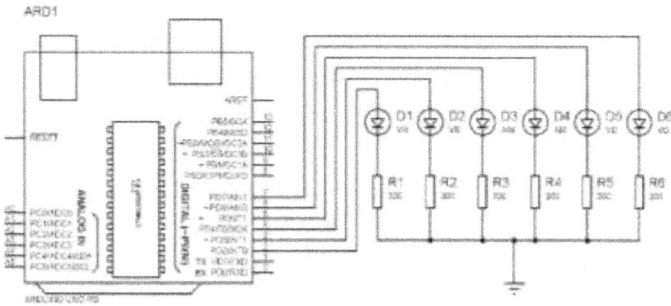

Un cambio de la altura *h* hace que los LEDS sean accionados o no de acuerdo con la situación actual de *h*, como puede verse en la imagen que sigue donde todos los LEDS fueron endendidos, una vez que el nivel del tanque superior estuvo alto.

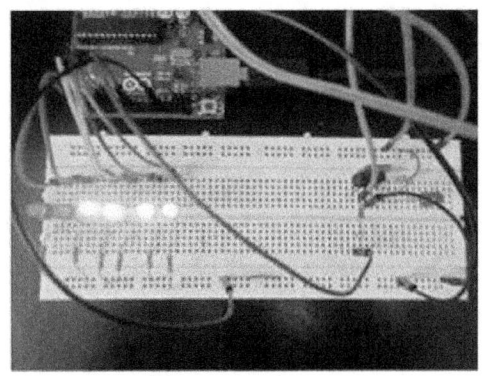

METODOLOGÍA

Sistema de tanques de bajo coste

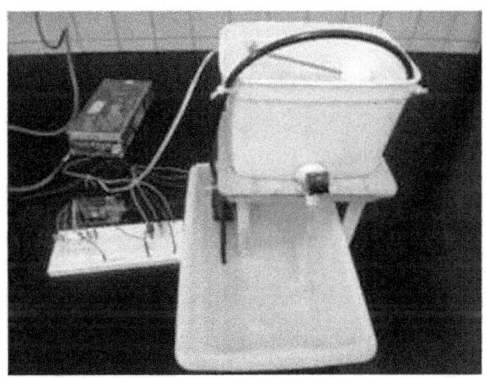

Para el montaje del sistema de tanques del presente proyecto se utilizaron dos cajas de plástico: una para el tanque superior con dimensiones de 16*11 cm y altura de 8 cm y la otra para el depósito inferior con dimensiones de 20*29 cm y altura

81

de 5 cm. En el tanque superior fueron instalados el sensor de nivel y una llave de paso que quedó aproximadamente a 1 cm del fondo.

El potenciómetro fue colocado en la parte más alta posible del tanque superior. También, fue conectada una vara metálica con espuma de poliuretano en el extremo para funcionar como sensor de nivel. Entonces, reforzando la idea, el conjunto sensor tiene como objetivo accionar o no la bomba de agua y, consecuentemente, los LEDS.

El grifo colocado en la parte inferior del tanque superior sirvió para representar el consumo de agua y permitió el retorno de la misma para el depósito inferior. Este sirvió para almacenar el agua que la bomba fuera a captar para mandar al depósito superior, por medio de una manguera. Por último, fue utilizado un apoyo hecho en madera para sostener el tanque superior creando de esta forma un desnivel.

CONTROL PARA CONECTAR/DESCONCETAR la bomba de agua

En el control para conectar/desconectar el sistema de tanques, el accionamiento de la bomba es realizado en el momento en el que la altura h cae por debajo de un valor mínimo predefinido y tiene su desconexión cuando la altura h supera el valor máximo predefinido. En este proyecto fueron definidos los límites con los siguientes valores: h<4cm y h>6 cm, respectivamente.

RESULTADOS

GRÁFICO NIVEL versus TIEMPO

Para la comprobación de la implementación del control de conexión/desconexión fue generado un gráfico de nivel de líquido en el tanque superior versus tiempo, con base en los datos capturados por la puerta serial del Arduino y diseñados por un software destinado a la construcción de gráficas.

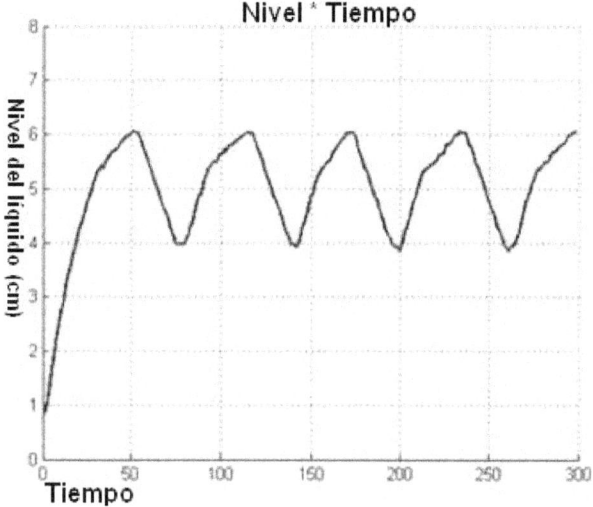

Cuando la bomba es accionada el nivel del agua ya comienza con 1 cm, debido a la posición en relación en la profundidad del tanque. Después, el nivel comienza a subir y supera el valor máximo de 6 cm, momento en el que la bomba se desconecta y con el grifo abierto el nivel de líquido comienza a descender hasta alcanzar un valor mínimo de 4 cm, predefinido, momento en el que el ciclo empieza de nuevo.

EJERCICIOS

1.- Haga que un LED se encienda y se apague con una frecuencia de 2Hz.

2.- Utilice una señal digital de entrada (HIGH o LOW) para hacer que el LED se encienda o apague (valor digital de entrada HIGH el LED se enciente, valor digital de entrada LOW el LED se apaga.

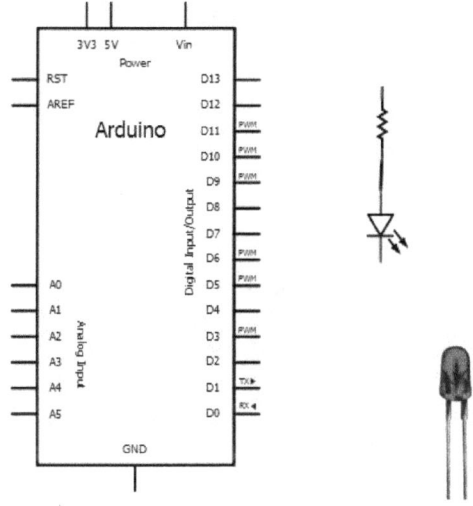

3.- Recorriendo las lecturas sucesivas al valor de salida de un simple potenciometro haga un regulador de luminosidad para nuestro tan famoso LED.

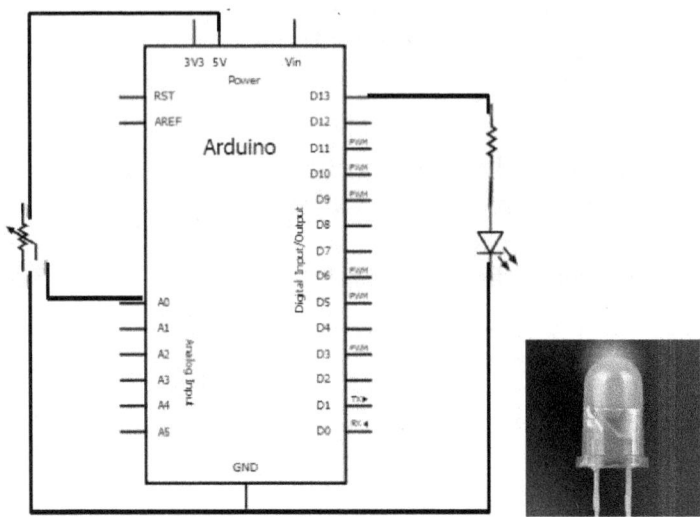

4.- Obtenga el valor, en tiempo real, de la variable utilizada para controlar la luminosidad del led.

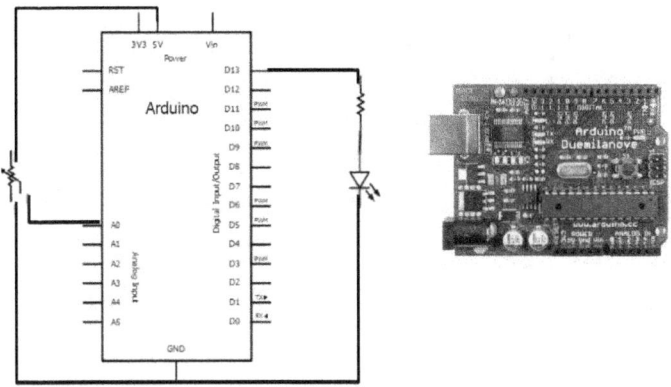

Ejercicio 1

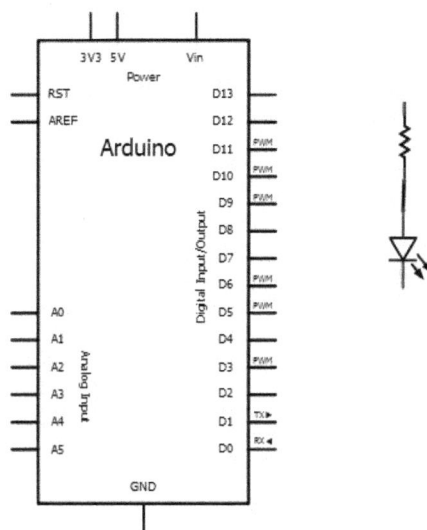

int ledPin = 13;

```
void setup(){
  pinMode (ledPin, OUTPUT);
}

void loop(){
  digitalWrite (ledPin, HIGH);
  delay (500);
```

```
digitalWrite (ledPin, LOW);
delay (500);
}
```

Ejercicio 2

```
int ledPin = 13;
int con = 2;
int val = 0;

void setup(){
  pinMode (ledPin, OUTPUT);
  pinMode (con, INPUT);
}

void loop(){
```

```
val = digitalRead (con);
if (val = = LOW)
{
digitalWrite (ledPin,LOW);
}
else {
digitalWrite (ledPin, HIGH);
}
```

Ejercicio 3

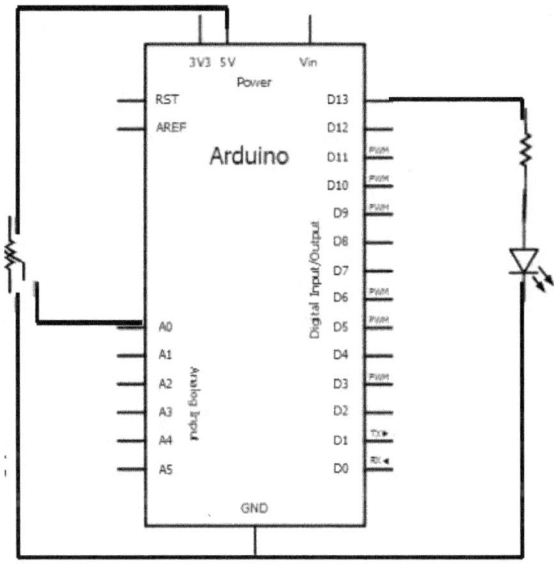

```
int ledPin = 13;
int con = 2;
int val = 0;

void setup() {
```

```
    pinMode (entrada_analogica, INPUT);
    pinMode (ledPin, OUTPUT);
}

void loop(){
  val = analogRead (entrada_analogica);
  val = (val/4);
  analogWrite (ledPin,val);
}
```

Ejercicio 4

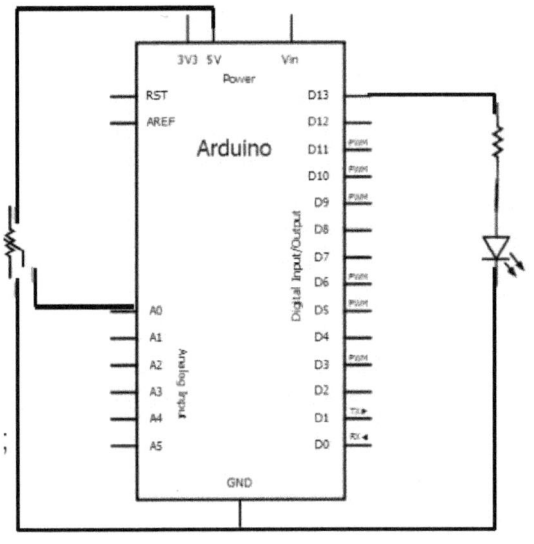

```
int ledPin = 13;
int con=2;
int val = 0;
```

```
void setup() {
        pinMode (entrada_analogica, INPUT);
        pinMode (ledPin, OUTPUT);
        Serial.begin (9600);
}

void loop(){
        val = analogRead (entrada_analogica);
        val = (val/4);
        analogWrite (ledPin, val);
        Serial.println (val);
}
```

EDITORIAL

IT Campus Academy es una gran comunidad de profesionales con amplia experiencia en el sector informático, en sus diversos niveles como programación, redes, consultoría, ingeniería informática, consultoría empresarial, marketing online, redes sociales y más temáticas envueltas en las nuevas tecnologías.

En **IT Campus Academy** los diversos profesionales de esta comunidad publicitan los libros que publican en las diversas áreas sobre la tecnología informática.

IT Campus Academy se enorgullece en poder dar a conocer a todos los lectores y estudiantes de informática a nuestros prestigiosos profesionales, como en este caso Antonio Caicedo, analista de software con más de 15 años de experiencia, que, mediante sus obras literarias, podrán ayudar a nuestros lectores a mejorar profesionalmente en sus respectivas áreas del ámbito informático.

El Objetivo Principal de **IT Campus Academy** es promover el conocimiento entre los profesionales de las nuevas tecnologías al precio más reducido del mercado.

92

ACERCA DEL AUTOR

Antonio Caicedo Pedrera es arquitecto de software y analista programador con más de 15 años. Sus especialidades son la programación en C, el desarrollo de proyectos de software de sistemas y la programación de autómatas.

www.ingramcontent.com/pod-product-compliance
Lightning Source LLC
Chambersburg PA
CBHW070105210526
45170CB00013B/751